SOBRE LA AUTORA

Leni es una apasionada chef que se ha especializado en la cocina vegetariana y vegana por mas de tres años. Su pasión por la cocina comenzó desde niña, siempre horneaba pasteles y hacia comida saludable.

Leni se apasiona creando menús para una alimentación balanceada que no solo nutran el cuerpo si no tambien el alma. Ella disfruta desarrollar nuevas recetas desde cero y experimentar con nuevos sabores, texturas y colores.

Leni ha buscado traducir sus platillos favoritos a la cocina vegana, siempre buscando que sean lo más alimenticios posible, por eso encontrarás en el libro que aunque parezca una receta común están llenas de nutrientes y super alimentos.

Esperamos que este libro te inspire a crear muchas mas recetas en tu vida diaria!

Contenido

DESAYUNO

Tapioca con Leche Dorada

La tapioca es fuente de proteínas, fibras, vitamina B, vitamina C, calcio, magnesio, manganeso, fósforo, zinc, hierro y potasio. Este alimento previene la anemia, elevan las plaquetas, mejoran la circulación, el sistema inmune, protege la mucosa gástrica del estomago y tracto intestinal. La tapioca es un excelente alimento para favorecer la buena digestión y combatir el estreñimiento.

para el pudin:
1 taza de tapioca
5 tazas de agua
1 taza de leche dorada

para la leche dorada:
1 litro de leche de coco
1 cdita de jengibre en polvo
1 cdita de canela en polvo
1 cdita de cardamomo en polvo
2 cdas de cúrcuma en polvo
1 pizca de pimienta

Remojar la tapioca en agua toda la noche. Enjuagar la tapioca y poner a hervir hasta que se vuelva transparente. Colar la tapioca y enjuagar. Agregar la leche dorada y mezclar. Reposar por una noche, agregar mas leche si es necesario.

Para la leche dorada, poner todos los ingredientes en una olla, remover hasta que se integren. Cocinar a fuego medio-alto sin que llegue a hervir durante 5 minutos. Dejar enfriar.

PORCIONES 4-6

Super Food Hot Cakes

Los hotcakes nunca habían sido tan sanos.

PREPARACIÓN: 10 mins

COCCIÓN: 20 mins

PORCIONES: 6

4 plátanos grandes
7 cdas amaranto
5 cdas harina de avena
2 cdas chia
1 cda canela
1 cda vainilla
1 pizca de sal

1. Batir los platanos en la procesadora.

2. Mezclar todos los ingredientes con la mano.

3. Calentar el sartén de teflón a fuego bajito poner tantito aceite en el sartén con una brocheta.

4. Con un cucharón poner la porción del hotcake en el sartén dejar que burbujee y voltear.

*Tip: Mantener calientes en una vaporera.

Pudin de chia y cacao

Entre los beneficios de la chía se destacan: 5 veces más calcio que la leche entera, 2 veces más potasio que el plátano, 3 veces más hierro que las espinacas y 3 veces más antioxidantes que los arándanos. Su contenido en proteínas de rápida digestión, proporciona también los 9 aminoácidos esenciales, mientras que su alto contenido en fibra soluble, acelera y prolonga la saciedad, reduciendo los antojos entre comidas y mejorando el tracto digestivo, por lo que estimula la tasa metabólica a lo largo del día. Evidentemente, su bajo índice glucémico le hace un alimento ideal para los diabéticos.

Mezclar en un contenedor la chía, leche de coco, cacao y miel de agave. Reposar por una noche.

La leche se puede sustituir por otra leche vegetal, pero las cantidades de líquido varían para asegurar la misma consistencia, entre menos cremosa mas chía requiere.

PORCIONES 4 -6

para el pudín:
¼ taza de chía
1 taza de leche de coco
Cacao en polvo
Miel de agave al gusto

Sugerencias de toppings:
Frutos rojos
Plátanos
Granola
Crema de cacahuate

Overnight Oats & Banana

La avena es uno de los cereales con más beneficios para nuestra salud ya que tiene propiedades específicas que lo convierten en un súper cereal ideal para un gran número de personas. No en vano ha sido la base de la alimentación de varias civilizaciones y está considerada como la reina de los cereales.

Su consumo, puede ayudar a reducir los niveles de azúcar en sangre, así como el riesgo de padecer enfermedades cardíacas, relacionadas con los altos niveles de colesterol.

Poner todos los ingredientes en un contenedor y revolver. Reposar por una noche, agregar leche extra si lo requiere por la mañana.

La leche se puede sustituir por otra leche vegetal.

PORCIONES 2

para la avena:
1 taza de avena
2 taza de leche de almendra
Miel agave al gusto o piloncillo
1 plátano
1 cdita de canela

Sugerencias de toppings:
Frutos rojos
Plátanos
Granola
Crema de cacahuate

MACEDONIA DE QUINOA

El nombre de la Macedonia de frutas tiene su origen en el imperio que logró construir Alejandro Magno. Macedonia se formó con la mezcla de diferentes pueblos y naciones, integrada por distintas razas, culturas, idiomas, costumbres y tradiciones. Por eso la mezcla de sabores y texturas hecha con frutas se llama macedonia.

Mezclar todos los ingredientes en un recipiente.

INGREDIENTES

1 tazas de quinoa cocida
5 guayabas
1 taza de piña en cubitos
3 tazas de jugo de naranja

Enfrijoladas de Quinoa

La Quinoa, es un cereal que va de la mano con cereales integrales de gran aporte de fibra, sin embargo, se posiciona un escalón más arriba por su aporte proteínico, siendo el favorito de veganos y de quienes tienen enfermedad celíaca, pues, además, no contiene gluten.

Estas enfrijoladas fueron inspiradas en las enfrijoladas de Juanita. Servir con crema de girasol, queso de garbanzo y guacamole.

Rallar y filetear todas las verduras en trozos pequeños. Sofreír el ajo y la cebolla. Incorporar todos los vegetales. Cocinar la mezcla de vegetales. Agregar la quinoa con la salsa de soya. Licuar los frijoles y agregar sal al gusto. Sofreír las tortillas de maíz. Rellenar las tortillas con la mezcla de quinoa y enrollar. Poner en un refractario. Bañar los taquitos con los frijoles bien calientes.

Las enfrijoladas de quinoa se pueden servir con lechuga en tiras, aguacate, crema vegana, queso vegano y salsas.

1 tazas de quinoa cocida
1 pieza de calabacit
1 pieza de zanahoria
½ taza de pimiento
¼ pieza de cebolla
1 diente de ajo
3 cda salsa de soya
1 cda de cúrcuma
1 cda de curry
1 cda aceite de oliva
½ kilo de tortillas de maíz
½ kilo de frijoles cocidos
sal y pimienta al gusto

Sopes Prehispánicos

El sope es uno de los antojitos mexicanos que forman parte de nuestra gastronomía desde la época prehispánica hasta la actualidad. Los sopes tienen su origen en las culturas prehispánicas que habitaban la zona centro y sur de nuestro país; con el paso del tiempo, este platillo se extendió a lo largo del país y obtuvo su reconocimiento como una de las garnachas favoritas de los mexicanos.

para los sopes:
1 kilo de masa
½ kilo de frijol cocido
2 cdas de aceite de girasol
½ cebolla finamente picada

para acompañar:
lechuga picada en tiritas
guacamole
jitomate en cubos
crema vegana
queso vegano
salsas

Tomar una porción de masa. Hacerla una bolita y, con las manos humedecidas ligeramente con agua, aplanarla primero para hacerla un poco grande. Pasar la masa de una mano a otra rápidamente mientras la aplanan hasta que tenga el grosor deseado. También podemos aplanar la masa usando dos trozos de papel encerado o plástico y poniendo entre ellos la bolita de masa. Enseguida ponen un plato plano encima y aplanan con cuidado hasta obtener el sope. Y por último, podemos también usar una prensa para tortillas para hacer nuestros sopes, solo tengan cuidado de no aplanar mucho para que los sopes no salgan tan delgados. Cocinar los sopes en un comal o sartén de los dos lados. Sofreir la cebolla en el aceite y agregar los frijoles. Triturar los frijoles o licuar. Servir los sopes con frijoles encima y agregar los toppings de tu preferencia.

Chilaquiles de la casa

Lo único seguro sobre los chilaquiles es que su nombre viene del náhuatl. El sacerdote e historiador Ángel María Garibay explicó que el platillo viene de la palabra chilaquili, que se deriva de chil (chile) y aquili (estar dentro de algo), por lo que su significado sería "sumergido en chile" o "metido en chile".

. . . .

INGREDIENTES

1 kilo de tomate o jitomate
1 chile serrano
½ cebolla
1 diente de ajo
1 manojo de cilantro o epazote
Totopos de maíz

Hervir los tomates o jitomates con el chile. Poner en la licuadora los tomates, chiles, ajo y cebolla. Sofreír la salsa hasta que la ácidez de la salsa desaparezca. Sí, la salsa esta muy ácida se puede agregar una cucharadita de azúcar.

Servir con crema vegana de girasol, queso fresco de garbanzo y aguacate.

HOTCAKES DE PLÁTANO Y AVENA

Machacar los plátanos hasta hacerlos puré
Mezclar las harinas con el plátano
Agregar 1 c de royal la vainilla y la canela . Mezclar hasta que esté todo integrado.

Calentar un sartén de telón a fuego lento y engrasar con aceite de coco . Vaciar con un cucharón la masa de los hotcakes en el sartén y esperar a que se vean burbujas en la masa y voltear cuando estén dorado Roa.

Acompañar con
Mermelada de fresa
Mermelada de guayaba
Granola
Crema de cacahuate y nutella como opcional.

INGREDIENTES

20 piezas de plátano
2 T harina de avena
2 T harina de arroz
2 C de esencia de vainilla
2 c canela en polvo
Aceite de coco el necesario

MERMELADA DE FRESA

Poner las fresas en un recipiente en la estufa dejar que suelten su jugo agregar la azúcar o piloncillo el jugo de un limón y si es necesario un poquito de agua.

Dejar hervir hasta que la fresa se torne en un color rojo oscuro . Saborear con un pan ! Hotcakes! Crepas ! Cereal o panqué.

INGREDIENTES

650 grms de fresa
227 grms de azúcar
1 Limón

ENTRADAS

Falafel

PORCIONES 6 -8

El falafel es un plato tradicional de la cocina de Medio Oriente, se desconoce su verdadero origen, unos dicen que está en la India, otros que fueron los antiguos egipcios.

para el falafel:
2 ½ tazas de garbanzo y remojar por 12 horas (no cocer)
¼ cdita de comino en polvo
¾ cdita de pimienta roja
¼ cdita de pimienta negra
½ cdita de semilla de cilantro
¼ cdita de pasta de ajo
2 ½ cdita de sal
4 cdas jugo de limón
3 cdas perejil
4 cdas cilantro
3 cdas espinaca
1 cda menta
1 cda hierbabuena

Agregar todos los ingredientes en el procesador hasta crear una pasta homogénea. Hacer bolitas con la masa. Freír a temperatura alta.

Servir con pan árabe, salsa tahini, jitomate, aguacate y crema de pepino.

Acompañar con Tabouleh.

Tabouleh

PORCIONES 6 -8

Según cuenta la leyenda, el Tabule fue inventado por los caldeos en Mesopotomia, en el año 1800 a.C.

para el tabouleh:
2 tazas de quinoa o lentejas cocidas
1 jitomate en cubos pequeños
1 manojo de cilantro picado
½ taza de cebolla cambray picada
1 pepino picado
Aceite de oliva al gusto
Jugo de limón al gusto
Sal y pimienta al gusto

Poner todos los ingredientes en un recipiente. Mezclar.

Hummus

COCCIÓN: 30 mins

PREPARACIÓN: 10 mins

PORCIONES 4

250 grs de garbanzo
¼ de taza de pasta de ajonjolí
2 cds de jugo de limón
2 dientes de ajo picado
Sal
Agua

1. Remoja los garbanzos la noche anterior y hiérvelos en agua con sal.

2. Licuar todos los ingredientes hasta que quede una pasta homogénea.

3. Decorar con 1/2 taza de garbanzo seco y tostado, rodajas de cebolla morada, perejil y aceite de oliva.

Servir con pan pita integral

Hummus de betabel

El hummus es una receta muy antigua cuyo origen algunos
sitúan en el antiguo Egipto. Es muy común en países árabes y
del Oriente Medio, siendo por ejemplo uno de los platos
principales de la cocina libanesa. Es de elaboración sencilla,
muy nutritiva y exquisita.

PORCIONES: 4

200 grs de betabel
½ pieza de betabel cocido
2 limones
1 diente de ajo
2 cucharadas de ajonjolí
tostado o 1 cda de tahini
6 cdas de aceite de oliva
Sal
Pimienta
Agua

Remoja los garbanzos la noche anterior y hiérvelos en agua
con sal. Licua todos los ingredientes hasta que quede una
pasta homogénea.

El betabel se puede intercambiar por zanahoria rostizada u
otros vegetales.

Servir con Pan árabe, bastones de zanahoria y apio.

Rollos Vietnamitas

Los rollitos vietnamitas siempre han sido uno de mis platos favoritos para el verano ya que son ligeros, deliciosos y súper fáciles de preparar. Son sin duda alguna uno de los platos más famosos de la gastronomía vietnamita.

Calienta en una olla 2 tazas de agua y 1 cda de sal, cuando llegue a punto de ebullición, apagar la hornilla. Cocina los fideos de arroz por 3 minutos o al dente. Colar los fideo y enjuagar en agua fría. Remojar las hojas de arroz en agua caliente por un minuto para que se suavicen. Escurrir. Armar los rollitos, en una hoja de arroz acomoda todas las verduras. Cerrar los rollos empezando por los lados y enrolla. Espolvorear de ajonjolí. Cortar por la mitad.

Salsa para acompañar, mezclar salsa de soya, Sriracha, jugo de limón, jugo de naranja y crema de cacahuate.

PORCIONES 2

para los rollitos:
2 tazas de agua
1 cda de sal
1 taza de fideos de arroz
6 hojas de arroz
1 taza de agua caliente
2 aguacates cortados en láminas
1 zanahoria en tiras finas
½ pepino en tiras finas
1 taza de col morada en tiras
2 rábanos en rodajas
¼ de jícama en tiras

para la salsa:
½ taza de salsa de soya
1 cda de salsa Sriracha
1 cda de jugo de limón
1 cda de jugo de naranja
1 cda de crema de cacahuate

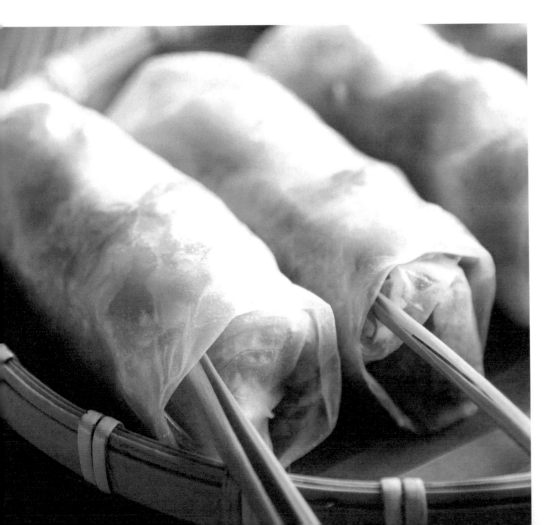

Ceviche Tropical

● ●

Porciones:5

10 limones
1 naranjas
1 toronjas
½ cebolla muy fina picado
½sandia
2 mangos ataulfo
1 aguacates
Sal de mar
Pimienta

Exprimir limones! Naranjas y toronjas
Curtir cebolla con Limón y sal y dejar reposar
Cortar en cubos la Sandia y el Mango
Picar el jitomate en cuadritos y el pepino
Cortar el aguacate en cubos

Una vez que esté curtida la cebolla agregar el jitomate y el pepino mezclar!
Agregar la fruta y mezclar . Probar la sal.
Al final adornar con los cubos de aguacate y dejarlos encima.
Servir con Mayo chipotle y Tostadas! Salsa verde o roja de molcajete.

Ceviche de elote

Colocar en un recipiente mediano los granos de elote, jitomates en cubos, pepino y cebolla. Integrar con una pala.

Colocar en la licuadora: cilantro, epazote, aceite, jugo de limón, dátil y sal.

Agregar la mezcla a los granos de elote y revolver.

Decorar con aguacate.

Refrigerar para servir bien frío.

El origen de estos manjares llamados elotes, se remonta a la época prehispánica. El maíz era de suma importancia tanto para la vida religiosa como para la alimentación de los antiguos mexicanos.

Según el Popol Vuh, el hombre fue creado por los dioses a partir del maíz, por lo que durante su siembra y cosecha, se realizaban rituales y fiestas en donde se ofrendaba a deidades relacionadas con él.

**2 tazas de granos de elote
naturales cocidos
3 jitomates
½ cebolla morada
¼ taza de cilantro
¼ taza de jugo de limón
1 cda epazote fresco
1cda aceite de olivo
1 datil sin hueso
(previamente remojado)
Sal de mar
Aguacate para decoración**

PLATOS
FUERTES

Carnitas de Setas

Los hongos contienen proteínas, vitaminas, minerales y antioxidantes, los cuales pueden tener varias ventajas para el organismo.

Por ejemplo, los antioxidantes son químicos que ayudan al cuerpo a eliminar los radicales libres. Recordemos que los radicales libres son subproductos tóxicos del metabolismo y otros procesos corporales. Se pueden acumular en el cuerpo y, si se acumulan en demasiada cantidad, puede provocar estrés oxidativo.

2 kgs de setas desmenuzadas
2 dientes de ajo
1 taza de cebolla en cubos
1 taza de pimientos picados
(opcional)

Sal al gusto
Pimienta al gusto
Aceite

Sofreír la cebolla y el ajo. Agregar las setas desmenuzadas y los pimientos, cocinar hasta que estén secas. Agregar sal y pimienta al gusto.

Servir con tortillas, cebolla picada, cilantro picado, guacamole y salsas.

PORCIONES 8 - 10

Tacos al pastor

Pese a su popularidad y status como icono mexicano, la Jamaica en realidad es originaria de África tropical. Como tantas otras cosas, llegó a nuestro continente en los años posteriores a la conquista a bordo de la Nao de China, y tocó tierra en Acapulco.

PORCIONES 4

3 tazas de flor de jamaica
½ pieza de cebolla
2 dientes de ajo
6 chiles guajillo
1 taza de jugo de naranja
¼ taza de vinagre de kambucha
1 taza de piña en cubos
1 pizca de comino
2 cdas de pimienta gruesa
1 pizca de clavo

Cocer las flores de jamaica en agua por 35 minutos, una vez cocida enjuagar hasta que el agua salga transparente. Asar los chiles guajillos con los ajos y ¼ cebolla. Licuar los chiles guajillos y los condimentos con el jugo de naranja y vinagre. Picar la cebolla en cubos. Sofreír la cebolla y ajo con la jamaica. Agregar la cebolla y el ajo sofrito a la salsa de guajillo sazonar con sal y pimienta. Cocinar la salsa en un sartén con la jamaica y la piña a fuego bajo por 15 minutos.

Servir con tortillas, cebolla picada, cilantro picado, guacamole y salsa.

Picadillo de calabacita y nuez

INGREDIENTES

6 calabacitas picadas en cuadritos muy pequeños.
½ taza de arándanos
½ taza de nuez pecana troceada
½ cebolla blanca en cuadritos
½ pimiento verde en cuadritos
2 ajos picados finamente
Una pizca de pimienta negra
½ cucharadita de sal
3 cucharadas de aceite de oliva
1 taza de salsa de jitomate o 3 jitomates licuados
2 ajos
½ kg champiñones (opcional)
1 manzana (opcional)
Opcional un chorrito de salsa de soya

Este picadillo vegano se puede utilizar para rellenar chiles en Nogada, uno de los platillos más representativos, bellos y sabrosos de la gastronomía mexicana.

· ·

En tu procesador muele 3 de las calabacitas con media taza de la salsa de jitomate ¼ de nuez pecana. Calienta a fuego medio tu aceite en una sartén. Agrega los ajos, la cebolla y el pimiento. Sofríe. Cuando estén dorados agrega la calabacita restante y la mezcla de tu procesador. Añade sal, pimienta negra, el resto de la salsa y los arándanos. Deja cocinar por al menos 10 minutos y añade la nuez restante. Dejar cocinar por 5 minutos más.

Disfruta!

Tinga de Col

Same flavor & texture - the chicken

PREPARACIÓN: 10 mins

COCCION: 20 mins

PORCIONES: 4

3 jitomates asados
¼ cebolla asada
1 diente de ajo
2 chiles chipotles adobados
1 cda comino
1 cda sal
1 taza agua
⅓ col desinfectada y fileteada
3 tazas champiñón fileteado

1. Licuar jitomate y cebolla ,ajo chipotle el agua la sal y colar

2. Pasar la col en agua caliente

3. Calentar el aceite freír la col y los champiñones hasta que cambien de color moviendo constantemente

4. Vertir el puré de jitomate y chipotle y cocinar hasta que cambie de color

5. Servir en tostadas

Decorar con lechuga, queso de garbanzo y crema de girasol y salsa al gusto

La col se puede sustituir con zanahoria rallada o mezclar los dos ingredientes

Albóndigas de Quinoa

Me inspire en mi niñez y las albóndigas que preparaban en mi casa para esta versión vegana. Te invito a explorar todas las modificaciones posibles, como agregar una salsa de tomate.

Sofreír la cebolla y ajo, ya que este blanda incorporar todos los vegetales. Condimentar con sal y pimienta. Agregar la salsa de soya y la quinoa cocida y escurrida. Cocer la mezcla hasta que se consuman los líquidos. Con la mezcla formar bolitas, se puede utilizar la harina para facilitar el proceso. Cocer las albóndigas en un sartén o comal a fuego medio.

Servir con salsa de chipotle y crema vegana de semilla de girasol.

PORCIONES 8-10

3 tazas de quinoa cocida
2 piezas de calabacín
2 piezas de zanahoria
2 tazas de champion
1 taza de cebolla
1 diente de ajo
4 cdas de salsa de soya
Sal y Pimienta al gusto
Harina de avena

Picar todas las verduras finamente

Carne Molida Vegana

PORCIONES 4 -6

La carne molida vegana es una de mis recetas favoritas, ya que se puede usar de muchas maneras. Por ejemplo, en calabazas rellenas con salsa de tomate o en pimientos rellenos con queso fundido.

4 calabacitas ralladas o picada
½ taza de cacahuates
½ taza de almendra
½ taza de semilla de girasol
3 jitomates hervidos
3 chiles chipotles adobados
1 ½ dientes de ajo
½ cebolla
½ taza de quinoa (opcional)

Picar y sofreír el medio ajo con un cuarto de cebolla. Agregar al sartén la calabaza rallada, poner sal y pimienta.

Licuar los jitomates con el resto del ajo y la cebolla. Agregar los chipotles y licuar. Agregar la salsa de tomate al sofrito de calabaza. Mover constantemente en el sartén a fuego lento.

Tostar las semillas en el horno. Moler en el procesador. Agregar las semillas al guisado de calabaza. Salpimentar si hace falta.

La quinoa es opcional si desea agregar volumen.

Calabacitas Rellenas

INGREDIENTES

6 calabacitas tiernas
1 tomate
½ cebolla
1 T arroz integral
1 manojo de cilantro
Aceite de oliva.
 Sal al gusto
Pimienta al gusto

Sacar el corazón de las calabacitas en crudo! Picar finamente
Agregar tomate, cebolla! Cilantro picado finamente.

Agregar arroz integral,aceite de olivo.

Se vuelven a rellenar las cazuelas de calabaza y se meten al
horno durante 10 minutos.

Lasaña Vegana

PORCIONES 8 - 10

Pero seamos justos con su historia, la lasaña que comemos actualmente es creación de los antiguos romanos. La receta, inspirada en las tradiciones helénicas, fue reformulada y difundida la por todo el continente junto a la expansión del imperio.

Los historiadores gastronómicos la consideran como una de las pastas más antiguas de las que se tienen registros.

200 grs de zanahoria
200 grs de cebollita cambray
200 grs de broccoli
200 grs de espinaca
200 grs de berenjena
200 grs de calabacita
200 grs de pimiento
2 dientes de ajo
1 jitomate rebanado
Sal y Pimienta
500 grs de pasta para lasaña
1 lt de salsa de tomate
Queso vegano de coliflor
Pasta de ajo (opcional para decorar)

Rallar todos los vegetales, excepto por la berenjena. Rebanar la berenjena y asar para quitar la acidez.

En una charola para hornear poner una capa de salsa de jitomate, poner una capa de pasta de lasaña, poner una capa de mezcla de vegetales. Repetir el procedimiento hasta una quinta capa. Cubrir con el queso vegano.

Precalentar el horno a 180 C. Tapar con papel aluminio y hornear por 50 minutos. Retirar el papel aluminio y hornear por 10 minutos mas para que se dore.

Decorar con el jitomate rebanado, queso parmesano vegano y hojas de albahaca.

Garbanzos al curry

La cúrcuma es una planta originaria del sudeste asiático y la India, donde fue utilizada por primera vez entre los años 610 a.C. y 320 a.C. En la actualidad, todos los países tropicales la cultivan, pero los principales exportadores de este superalimento son India, China, Sri Lanka y Filipinas. La cúrcuma también es conocida comúnmente como "el azafrán de la India" o "el sabor del oro".

7 tazas de garbanzo cocido
3 cdas de curry en polvo
1 pieza de cebolla finamente picada

2 dientes de ajos finamente picados
2 cdas de aceite de oliva
Sal y Pimienta

Sofreír en el aceite el ajo y la cebolla hasta que se caramelicen sin que se quemen. Agregar los garbanzos cocidos y escurridos. Agregar el curry en polvo, sal y pimienta.

Curry de verduras al coco

La palabra curry viene en su origen de la palabra kari, que significa salsa en Tamil, el idioma hablado por una etnia del sur de la India que elabora una serie de platos muy especiados con un sabor muy característico.

• •

INGREDIENTES

2 cebollas rebanadas
4 ajos picados
2 puñitos de cebollín
300 gr coliflores pequeñas
300 gr brócoli pequeños
350 gr pimientos
300 gr zanahorias
400 gr calabazas
300 gr champiñón
300 gr espinaca
1 lt de leche de coco
2 cds de curry en polvo
1 cda de aceite vegetal

Cortar todo en pedazos grandes. Sofreír la cebolla. Agrega el ajo y sofreír. Ir poniendo poquita sal sobre las verduras. Ir sofriendo en poco aceite. Licuar el litro de leche de coco con 2 cucharadas de curry copeteada. Agregar la leche de coco a las verduras. Dejar que llegue al hervor y apagar para que las verduras estén crocantes.

Servir con arroz blanco, coco rallado, cacahuate, café en polvo y pasas.

Papas Rellenas

INGREDIENTES

4 papas grandes
½ T jocoque seco
½ T de yoghurt
2 varas de apio
¼ de una cebolla
1 diente de ajo
3 C de aceite de olivo
1 c de pimienta
½ T cilantro picado
1 c de paprika o
⅓ c cúrcuma

Cocer las papas al horno hasta que la cáscara quede dorada
Se sacan del horno se cortan a la mitad como cazuelas se les
saca el relleno de papa a todas

Y el relleno se pone en un tazón.

Se le agregan los demás ingredientes se mezcla todo . Se
rellenan las cazuelas de las papas con la mezcla . Se
espolvorean con la paprika y se sirven.

Hamburguesas veganas

Las hamburguesas son uno de los platillos preferidos y hemos encontrado una manera de convertirlas en un platillo vegano y lleno de nutrientes.

Poner todos los ingredientes en el procesador excepto la quinoa. Procesar hasata que se integren todos los ingredientes. Incorporar a la mezcla la quinoa cocida (bien escurrida) y revolver. Formar los carne para hamburguesa. Cocinar las hamburguesas en un sartén a fuego lento.

Servir con pan integral, jitomates en rodajas, lechuga, salsa catsup, mostaza, mayonesa de chipotle.

INGREDIENTES

7 ½ tazas de garbanzo cocido
5 tazas de chicháros
3 tazas de quinoa cocida
1 ½ tasa de cebolla picada
1 ½ taza de cilantro picado
1 ½ taza de perejil picado
3 dientes de ajo
3 cdas de curry en polvo
3 cditas de paprika
Sal y Pimienta

INGREDIENTES

3 T Arroz
1/2 c comino
4 gajos de ajo
1-2 chile serrano picado
6 T caldo de frijol
2 T frijol

Moros con Cristianos

· ·

Sofreír cebolla, ajo, chile serrano.
Agregar arroz lavado y seco! Aumentar caldo de frijoles y sal.
Una vez que esté cocido el arroz agregar los frijoles y mezclar.

Acompañar con:
Champiñones al ajo
Platano macho rostizado
Ensalada
Aguas frescas

Yuca al mojo de ajo

INGREDIENTES

3 kg de yuca
19 ajos picados
Aceite

Hervir la yuca hasta que esté cocida y suave.

Sacar del agua y dejar escurrir. Poner en una charola con aceite poner la yuca y esparcir los ajos.

Esparcir sal y pimienta encima de la yuca y hornear a 200• grados hasta que la yuca esté doradita y sabrosa.

POSTRES

Raw Red Velvet

La receta varía según el repostero, pero lo que se mantiene es la harina, el cacao, la mantequilla y el colorante vegetal, que antiguamente se hacía a base de betabel, rico en azúcar y en el color que le da el nombre a esta original torta.

Para el pastel poner todos los ingredientes en el procesador hasta lograr una mezcla homogénea. Colocar en un molde. Refrigerar por 3 horas.

Para el betún, acremar la mantequilla y agregar en 4 partes el azúcar. Batir hasta que tenga una consistencia airosa. Si se quiere una consistencia mas suave agregar leche vegetal.

PORCIONES 8

para el pastel:
½ taza de betabel rallado
1 taza de dátiles
1 taza de cacahuate o
 almendras
½ taza de aceite de coco
½ taza de miel de piloncillo
3 cdas de cocoa en polvo

para el betún:
½ taza de mantequilla
 vegana o manteca vegetal
 a temperatura ambiente
2 tazas de azúcar glass
 cernida

Pastel de Zanahoria

Este es uno de mis pasteles favoritos y sin duda esta receta es muy saludable! No puedo esperar a que lo pruebes!

2 tazas de harina de avena
1 cdita de polvo para hornear
1 cdita de bicarbonato de sodio
½ cdita de sal de mar
1 ½ cdita de canela en polvo
1 ½ taza de zanahoria rallada
½ taza de aceite de girasol

2 cdas de extracto de vainilla
1 cda de vinagre de manzana
1 taza de azúcar mascabado
4 cdas de crema de coco
2 "huevos" de linaza
(2cdas linaza molida
+ 6 cdas agua caliente)
1 taza de nuez de Castilla

Cernir la harina con ayuda de un colador. Mezclar todos los ingredientes secos.
Preparar en un bowl el huevo de linaza y dejar reposar por 5 minutos. Precalentar el horno a 180C. Mezclar en un bowl la zanahoria rallada, aceite, vainilla, vinagre, azúcar y leche de coco. Mezclar las dos mezclas con los huevos de linaza. Mezclar con una batidora o procesadora eléctrica o espátula hasta que los ingredientes estén bien incorporados. Agrega las nueces en trozos y hornear por 30 minutos.

PORCIONES 8

Pastel de Chocolate
PORCIONES 8-10

INGREDIENTES

1 ½ taza harina todo uso o harina regular
¾ taza de azúcar moreno
½ taza de cocoa en polvo, sin endulzante
1 ½ cdita de bicarbonato de sodio
1 cda de café en polvo
1 cdita de extracto de vainilla
⅓ taza aceite de coco o aceite de canola
1 cdita de vinagre blanco
¾ tazas de agua
½ tazas de leche vegetal, sin endulzante
Pizca de sal

MÉTODO

Precalienta el horno a 180°C. Combina los ingredientes secos en un tazón y mezcla con un tenedor. Agrega el aceite, vainilla, vinagre, leche y agua y mezcla bien. Vierte la mezcla en un molde enharinado y homea a 180 grados por 20 a 25 minutos, o hasta que al insertar un palillo, este salga limpio. Deja reposar por 10 o 15 minutos fuera del horno. Remueve aflojando los bordes con un cuchillo e invirtiendo el molde con cuidado para sacar el pastel.

Decorar con ganache de chocolate y frutos rojos.

*la harina se puede sustituir por harina de avena.

Vegan Cheesecake

para la base:
8-12 dátiles
1 taza de cacahuate

para el relleno:
500 grs de nuez del la india cruda activada
1 taza de aceite de coco en estado liquido
½ taza de miel de piloncillo
½ taza de agua
Jugo de 1 limon

para la cobertura:
2 tazas fresas
Jugo de ½ limón
3 cdas azúcar de coco o piloncillo
Frutos rojos al gusto para decorar

1. Colocar en el procesador los dátiles y el cacahuate y procesar hasta lograr una textura similar a la arena mojada.

2. Pasar la masa a un molde desmontable y aplastar con una cuchara para cubrir uniformemente la base. Poner papel encerado.

3. Licuar todos los ingredientes hasta lograr una mezcla suave y cremosa.

4. Vertir la mezcla suave y cremosa en el molde sobre la base y refrigerar por 4 horas antes de colocar la cobertura.

5. Coloca las fresas con el resto de los ingredientes en la licuadora hasta tener una consistencia liquida.

6. Proceda a cocinar a fuego medio por 5 minutos, deja enfriar y colocar sobre el relleno.

Decora al gusto con frutos rojos.

Pastel de naranja

100g de mantequilla vegana
75 g de azúcar
2 naranjas pequeñas con piel delgada
3 sustitutos de huevo
225 g de harina
1 cucharadita de polvo para hornear
1 cucharada de licor de naranja
Frutas de mazapán y gajitos de gelatina azucarados para adornar.

Precalentar el horno a 10|C/ 350°F. Forrar con papel encerado un molde redondo para hornear de 18cm de diámetro y cepillar por dentro con mantequilla derretida.

Mezclar y batir la mantequilla y el azúcar. Agregar la cascara rallada de una naranja y media. Batir las yemas de huevo y añadirlas a la mezcla. Cernir la harina junto con el polvo para hornear y adicionar a la mezcla. Añadir el jugo de las naranjas y el licor de naranja.

Incorporar el sustituto de huevo suavemente a la mezcla. Vertir la mezcla en el molde, nivelar la superficie y hornear durante aproximadamente 45 minutos, o hasta que un cuchillo insertado en el centro del pastel salga limpio.

Desmoldar cuidadosamente el pastel sobre una rejilla para que se enfrié. Cuando esté completamente frio, decorar con las frutas de mazapán los gajitos de gelatina azucaradas y la casara rallada de la media naranja restante. Terminar amarrándole un bonito moño alrededor.

Pastel vegano de chocolate

1 ½ taza harina todo uso o harina regular
¾ taza de azúcar moreno
½ taza de cocoa en polvo, sin endulzante
1 ½ cucharadita de bicarbonato de sodio.
1 cucharada de café en polvo
1 cucharadita de extracto de vainilla
1/3 taza aceite de coco o aceite de canola
1 cucharadita de vinagre blanco
¾ tazas de agua
½ tazas de leche vegetal, sin endulzante
Pizca de sal

GANACHE
1/3 tazas de chocolate amargo
½ taza de crema de coco
Pizca de sal.

Precalentar el horno a 180°C. Combinar los ingredientes secos en un tazón y mezcla con un tenedor. Agregar el aceite, vainilla, vinagre, leche y agua y mezclar bien.

Vertir la mezcla en un molde enharinado y homear a 180 grados por 20 a 25 minutos, o hasta que al insertar un palillo, este salga limpio. Dejar reposar por 10 o 15 minutos fuera del horno.

Remover aflojando los bordes con un cuchillo e invirtiendo el molde con cuidado para sacar el pastel. Poner la crema de coco en una olla pequeña a fuego lento, removiendo ocasionalmente. Tan pronto veas un hervor suave, retirar del fuego y vertir sobre el chocolate, agregar sal y deja reposar por 1 o 2 minutos. Mezclar hasta que el ganache este suave y sin trozos de chocolate. Dejar que el ganache se enfrié completamente antes de decorar el pastel. Decorar a tu gusto con las frutas de estación.

Notas
Comprar leche de coco en lata de buena calidad, y dejarla un día antes en el refrigerador, cuando hagas tu pastel, abre la lata y con cuidado saca la parte blanca y cremosa de encima, deja en la lata el líquido, ese no lo utilizaremos.

Glaseados para Pastel

GANACHE DE CHOCOLATE

⅓ de taza de chocolate amargo en trozos
½ taza de crema de coco
Pizca de sal

Pon la crema de coco en una olla pequeña a fuego lento, removiendo ocasionalmente. Tan pronto veas un hervor suave, retira del fuego y vierte sobre el chocolate, agrega sal y deja reposar por 1 o 2 minutos.

Mezcla hasta que el ganache este suave y sin trozos de chocolate. Deja que la ganache se enfrié completamente antes de decorar el pastel. Decora a tu gusto con las frutas de estación.

GLASEADO DE NARANJA

1 taza de azúcar glass cernida
1 cdita de ralladura de naranja
2 cdas de jugo fresco de naranja

Mezclar todos los ingredientes y vertir cuando el pastel este frio.

STRUDDEL DE NUECES

50 grs de aceite de coco o margarina vegetal
100 grs de harina de avena
100 grs de nuez en cuartos
100 grs de azúcar morena

Mezclar todos los ingredientes con el aceite de coco o margarina en estado solido con las manos hasta formar una textura de arena.

Vertir sobre el pastel antes de meter al horno.

Recomendado para el pastel de zanahoria y panques de cualquier sabor.

BUTTERCREAM

½ taza de mantequilla vegana o manteca vegetal a temperatura ambiente
2 tazas de azúcar glass cernida

Batir todos los ingredientes hasta que tenga una textura cremosa, agregar leche vegetal si desea un betún suave.

Usar cuando el pastel este frio.

ADEREZOS

Aderezo de Mango

Pulpa de un mango (o de una
manzana)
1 diete de ajo
Sal al gusto
¼ taza de agua
½ taza de aceite oliva
2 cdas de vinagre

Aderezo de Aguacate

3 pz aguacate
3 pz limón
1 diente de ajo
¼ taza de cilantro
Sal y pimienta al gusto
⅛ taza de agua
¼ taza de leche de soya
2 cdas de vinagre

Aderezo de Pera

½ taza de vino blanco
¼ de aceite de oliva
1 diente de ajo
⅛ taza de agua
4 pz pera mantequilla
2 cdas de vinagre

Aderezo de Papaya

¼ taza de aceite de oliva
Sal y pimienta al gusto
¼ taza de vinagre
⅛ taza de agua
½ taza de papaya
1 cda de mostaza

Vertir todos los ingredientes en la licuadora o una botella y mezclar.

Vinagreta Balsámica

¼ taza vinagre balsámico
2 cda Miel
½ taza de aceite de olivo
Sal y pimienta al gusto

Aderezo de Tahini

Sal al gusto
¼ taza de agua
½ taza de ajonjolí tostado
1 limón

Vinagreta de Finas Hierbas

¼ taza de vinagre de arroz
2 cdas de miel
Sal al gusto
1 cda de finas hierbas

Aderezo de Mango y Jengibre

2 pz Mango
¼ taza de aceite de oliva
1 o 2 limones de acuerdo a su jugo
1 pizca de sal y pimienta
½ taza de agua
1 rodaja de jengibre opcional

Vertir todos los ingredientes en la licuadora o una botella y mezclar.

Aderezo de Alcachofa

½ taza de corazones de alcachofa
¼ taza de limón o vinagre
½ taza de aceite de oliva
Pimienta al gusto

Aderezo de Mostaza

1 cda de mostaza
2 cdas de miel
1 taza de jugo de naranja
¼ taza de aceite de oliva

Aderezo de Ajonjolí

½ taza de ajonjolí tostado
3 piezas de calabacín
1 diente ajo
1 cda de salsa de soya

Aderezo de Cacahuate

1 taza de cacahuate tostado
1 Jugo de limón
1 diente de ajo
1 cda chipotle
1 rodaja de jengibre
1 cda de miel o piloncillo
¼ de taza de agua

Vertir todos los ingredientes en la licuadora o una botella y mezclar.

Las medidas para crear un aderezo y vinagretas es muy sencilla adicional a los sabores que le vas a agregar, aseguráte que haya una proporción de ⅔ porciones de aceite y ⅓ de vinagre.

Aderezo de Cilantro

El aderezo de cilantro es una perfecta combinación para ensaladas de verano. Nos encanta comerlo con mezcla de lechugas, manzana, nueces y pepino.

Poner todos los ingredientes en la licuadora. Mezclar antes de servir.

PORCIONES 8

½ taza de aceite
¼ taza de agua
Jugo de 1 limón
2 cda de vinagre
½ taza de cilantro
Sal y pimienta al gusto

LÁCTEOS

Leche de Soya

Leche de Coco

1 taza de frijol de soya activada.
2 tazas de agua

1 taza de coco rallado sin azúcar
1 litro de agua filtrada

Cubrir el frijol de soya con agua toda la noche o mínimo 8 horas. Licuar una taza de soya activada con 2 tazas de agua. Colar la okara de la licuadora en una bolsa de tela o manta. Exprimir la bolsa de tela o manta hasta sacarle toda la leche. Poner el suero de la leche en una olla. Calentar el suero de la leche y quitar la espuma y la nata cuando este caliente. Llevar a un segundo hervor. Guardar en un frasco de vidrio.

Dejar en remojo el coco con la mitad de agua durante media hora. Colocar en la licuadora y licuar 1 minuto. Agregar el resto del agua para completar un litro. Licuar todo otro minuto. Filtrar con bolsa de tela y guardar en una botella de vidrio limpia. Tapar y conservar en el refrigerador, dura hasta 3 días.

Agitar antes de servir.

Leche de almendra

La leche de almendras es una bebida que aparece en muchas recetas de origen medieval.

· ·

1 LITRO

1 ½ tazas de almendras
4 tazas de agua
1 cdita de vainilla o dátil
Manta de cielo

Remojar las almendras por 30 minutos en un poco de agua. Tirar el agua, vaciar las almendras con las 4 tazas de agua en la licuadora y licuar muy bien. Colar con la manta de cielo el líquido. Mezclar el liquido de la leche de almendra con el extracto de vainilla. Puede endulzarse al gusto.

Dura hasta 5 días en refrigeración

Leche de avena

1 LITRO

1 taza de avena
4 tazas de agua
½ cdita de vainilla o dátil

Licuar la avena, la vainilla y el agua por 30 segundos. Colar la mezcla con un colador. Refrigerar el líquido. Servir.

Dura hasta 5 días en refrigeración

Leche Dorada

La leche dorada o cúrcuma latte es originaria de la India, donde se llama haldi ka doodh. Es una bebida muy común por su exótico sabor y porque suele usarse para tratar los resfriados y los dolores de garganta. Otra de sus características es que, al tomarse caliente, es ideal para ingerir por la noche y, de esta manera, ayudar a conseguir un sueño reparador. La cúrcuma, el jengibre y la canela tienen grandes beneficios para la salud como, mejorar la función cerebral y la memoria, son ricos en antioxidantes, reducen la inflamación, protectores contra enfermedades cardiacas, reducen el azúcar en sangre, pueden ayudar en la lucha contra la depresión, mejoran el sistema inmune, potencial protector frente al cáncer y alivian problemas en la digestión.

PORCIONES 4

para la leche:
1 litro de leche de coco
1 cdita de jengibre en polvo
1 cdita de canela en polvo
1 cdita de cardamomo
*   en polvo*
2 cdas de cúrcuma en polvo
1 pizca de pimienta

Poner todos los ingredientes en una olla, remover hasta que se integren. Cocinar a fuego medio-alto sin que llegue a hervir durante 5 minutos. Dejar enfriar.

Queso de almendra
PORCIONES 6

INGREDIENTES

200 grs de okara de almendra
½ diente de ajo
1cdita de aceite de oliva
½ cdita de sal
½ cda de vinagre de manzana
¼ de cebolla blanca
Sal y pimienta

MÉTODO

1. Agregar todos los ingredientes al procesador hasta que la textura sea lo más fina posible. Agregar un toque de leche de almendra si es necesario.
2. Escurrir con la manta de cielo o bolsa de filtrado si tiene exceso de agua.
3. Armar tu queso dándole forma con tus manos.
4. Secar por los dos lados.

Se puede refrigerar hasta por 5 días.

PREPARACIÓN: 10 mins
TIEMPO DE COCCIÓN: 0 mins

Para añadir más sabor se puede recurrir a ingredientes como la levadura nutricional, ajo, tomate seco, alga espirulina, sal, chile, pimienta, hierbas aromáticas y saborizantes o aromas naturales.

Queso Rallado

Queso de Soya

1 taza de garbanzos
previamente activados
½ taza agua
½ diente de ajo
2 cdas de levadura
nutricional
1 pizca de sal
Jugo de medio limón
Hierbas italianas o epazote

1 ½ taza de okara de soya
Agua
Jugo de medio limón
3 ½ de cdita de levadura
nutricional
¼ de cdita de cebolla en
polvo
¼ de cdita de ajo en polvo
1 chorrito de aceite de oliva
¼ cdita de sal

Se licuan los garbanzos con los demás ingredientes. Enseguida se pone la mezcla a fuego medio hasta lograr una consistencia espesa, cuando comience a burbujear se vierten en un molde y se refrigera

Cubrir la Okara con agua y hervir por 15 minutos. Colar la Okara en una bolsa de tela o manta. Poner la Okara en un tazón. Agregar el jugo de medio limón Agregar 3 ½ cucharitas de levadura nutricional Agregar ¼ de cucharita de cebolla en polvo. Agregar ¼ de cucharita de ajo en polvo. Agregar 1 chorrito de aceite de oliva

Queso Amarillo

PREPARACIÓN:
20 mins

PORCIONES:4

2 pieza de papa
1 pieza de zanahoria
½ pieza de cebolla
½ taza de semilla de girasol
1 cucharada de levadura nutricional
Jugo de ½ limón
½ pizca de pimienta
½ taza de agua (en donde hirvieron los vegetales)

1. Hervir los vegetales en una olla hasta que estén blandos.

2. Activar la semilla de girasol por 10 minutos o asar en un sartén.

3. Pasar a la licuadora los vegetales y las semillas de girasol.

4. Agregar la levadura, el jugo de limón, el agua, la sal y la pimienta.

5. Licuar hasta que quede cremoso.

6. Servir.

Dura hasta 1 semana en refrigeración.

Queso Brie

½ taza de nuez de la india activada
¼ taza de yogurt de coco
¼ taza de aceite de coco
1 cdita de levadura nutricional

1 cdita de sal
½ taza de agua
1 cda de fécula de tapioca
½ cditas de agar
Papel encerado o manta de cielo

Hervir las nueces de la india en agua caliente 30 minutos y escurrir. Agregar las nueces, el yogurt, el aceite de coco, las levaduras, la sal y el agua en la licuadora. Licuar hasta que quede cremoso. Pasar la mezcla del queso a un bowl y dejar en temperatura ambiente por mínimo 12 horas. Pasar la mezcla a un sartén en fuego medio. Agregar la harina de tapioca y el agar, revolver por 5 minutos hasta que quede chicloso. Poner en un bowl, el papel encerado en el fondo o manta de cielo y agregar la mezcla de queso caliente. Tapar y dejar en refrigeración por al menos 4 horas. Quitar el papel encerado o manta de cielo y servir.

Dura hasta 8 días en refrigeración.

Queso Mozzarella

½ taza de nuez de la india activada
1 capsula de probióticos
1 cdita de goma xantana
2 tazas de agua
½ cda de sal

½ cdita de vinagre de manzana
2 cdas de agar agar
½ taza de fécula de tapioca
¾ taza de aceite de coco

Hervir las nueces de la india por 30 minutos y escurrir. Agregar a la licuadora: la nuez de la india, los probióticos, la goma xantana y el agua. Licuar hasta que quede cremoso Pasar la mezcla a un bowl y cubrir a temperatura ambiente por 12-16 horas.
Pasar la mezcla nuevamente a la licuadora, agregar la sal, el vinagre de manzana, el agar agar, la fécula de tapioca y el aceite de coco. Licuar hasta obtener textura cremosa. En un bowl grande, añadir agua, hielo y mucha sal. Revolver para disolver la sal. Vaciar la mezcla del queso a una olla y revolver hasta que empiece a tomar textura. (aprox. 4 minutos). Utilizando una cuchara para helados, formar pequeñas bolitas y vaciar en el bowl de agua helada. Dejar "reposar" en el agua por 30 minutos.

Dura hasta 8 días en refrigeración, es necesario guardar en la salmuera.

Queso Parmesano

PORCIONES 4

1 taza de almendra
1 cucharada de levadura nutricional
2 cucharaditas de sal
1 pizca de pimienta
½ cucharadita de ajo en polvo (opcional)

Mezclar todos los ingredientes en la licuadora, verificar que la licuadora este bien seca. Vaciar en un bote de vidrio. Servir.

Dura hasta 1 año sin refrigeración.

Nota: para que se conserve mejor, procura que este almacenado en un lugar seco y que no haya humedad.

Queso Crema

1 taza de nuez de la india cruda
1 cdita de vinagre de manzana
½ cdita de sal
1 cda de jugo de limón
¼ taza de agua

Remojar las nueces de la india por 8 horas o hervirlas a fuego medio por 30 minutos. Colar las nueces. Agregar a la licuadora las nueces, el jugo de limón, la sal y el vinagre, licuar hasta que quede suave y cremoso. Pasar la mezcla a un refractario y refrigerar por 1 hora antes de servir. Refrigerar por dos horas y servir.

Dura hasta 4 días en refrigeración.

Queso Fundido de Coliflor

½ coliflor chica
2 tazas de agua de coliflor
1 taza de leche de almendra
3 cdas de levadura

2 ½ cdita de fécula tapioca
Ajo
Sal
Pimienta

Hervir la coliflor. Una vez hervida poner en la licuadora agregar los demás ingredientes y licuar. Poner en una olla en la estufa y estar mezclando mientras se va espesando. Una vez espesa se puede poner encima de la lasagna o alguna pasta.
O acompañar con ensalada.

Dura hasta 5 días en refrigeración.

Queso Derretible de Soya

600 grs de leche de soya
450 grs de aceite vegetal
50 grs de fécula de tapioca

30 grs de levadura
1 diente de ajo
¼ cebolla
Sal

Agregar todos los ingredientes al procesador y llevar al fuego bajo sin dejar de moverlo hasta obtener la consistencia de queso fundido.

Dura hasta 5 días en refrigeración.

Yogurt de Coco Natural

Sus principales beneficios de salud, están ligados a su alto contenido de probióticos, los cuales, de consumirse regularmente, son ideales para ayudarnos a conservar una buena salud del tracto digestivo, mejorando la microbiota intestinal.

Retirar la pulpa de los cocos. Agregar la pulpa de los cocos, la cápsula de probióticos y el agua a la licuadora. Licuar. En caso de que falte agua de coco, agregar un poco más. Transferir la mezcla a un bowl de vidrio o plástico. Tapar con la manta de cielo y dejar a temperatura ambiente por 24 horas. Refrigerar y servir.

Duración hasta 7 días.

Notas: debes usar cocos tiernos, que la carne sea casi gelatinosa. Para obtener yogurt de sabor se puede agregar fruta y moler en la licuadora.

PORCIONES 4

1 pieza de coco tierno
¼ de taza de agua de coco
1 cápsula de probióticos
Manta de cielo

Crema blanca de girasol

1 taza semillas de girasol tostada
Jugo de 1 limón
½ diente de ajo pequeño
Sal al gusto
1 taza de agua
1 cda de vinagre para mayor duración
2 cdas de aceite vegetal

Licuar todos los ingredientes hasta obtener una mezcla homogénea.

Dura 1 semana, se puede congelar.

· ·

Crema ácida

1 paquete de tofu Silken (preferentemente suave)
¼ taza de leche vegetal
1 cdita de levadura nutricional
1 cdita de sal
2 cdita de limón
1 cdita de aceite de oliva

Licuar todos los ingredientes hasta que se incorporen bien. Refrigerar. Servir.

Dura hasta 8 días en refrigeración.

· ·

Crema de Pepino

1 taza de almendra
1 pepino
1 cda de aceite de oliva
½ cdita de cebolla
¼ cdita de ajo
1 pizca de sal
Jugo de 5 limones
1 cdita de aceite de oliva

Cortar el pepino en tiras. Licuar todos los ingredientes menos el pepino hasta que se incorporen bien con agua. Agregar los pepinos. Refrigerar. Servir.

Dura hasta 8 días en refrigeración.

Tofu

1 litro de leche de soya
2 limones
Agua

1. Hervir la leche de soya 15 minutos y esperar 10 minutos para cortar la leche.

2. Retirar la nata.

3. Agregar el jugo de 2 limones. Revolver.

4. Dejar reposar 30 minutos.

5. Colar en manta de cielo y exprimir todo el suero.

6. Tomas 2 tuppers gemelos y pones la mezcla de la manta en un tupper que tenga orificios. Para que drene el suero del tofu.

7. Encima pones otro tupper gemelo y hacer contrapeso durante 1 hora.

8. Poner agua pura y guardar en refrigeración.

Queso fundido de coliflor

Hervir la coliflor
Una vez hervida poner en la licuadora agregar los demás ingredientes y licuar.
Poner en una olla en la
Estufa y estar mezclando mientras se va espesando.
Una vez espesa se puede poner encima de la lasagna o alguna pasta.
Acompañar con ensalada.

670 grms de coliflor cocida
50 grms fécula tapioca
30 grms levadura nutricional
1 T leche de almendra
2 T de agua de coliflor
Sal
Sal de
Ajo
Sal
De cebolla

Mayonesa de chipotle

Licuar el aceite con el jugo del
Limón! El ajo! La cebolla! La sal! Y los chiles chipotles
Agrega la leche de soya o almendras
Agregar la nue hasta obtener la consistencia deseada

5 limones
1/2 T aceite vegetal
1/2 T de leche de soya o almendras
4 chiles chipotles adobados
1/8 de cebolla
1/2 diente de ajo
1 1/2 T de nuez

Sustitutos de Huevo

SUSTITO DE HUEVO

En rebozado se puede sustituir por:

- Panko
- Harina de trigo
- Mezcla de soda con harina de trigo
- Harina de tempura con agua
- Baba de nopal (la que queda al cocerlos)
- Linaza molida diluida en agua (4 cdas de agua por cada 2 cdas de linaza)

En vez de huevos revueltos se puede sustituir por:

- Tofu suave

En vez de barniz de huevo se puede sustituir por:

- Aceite de oliva
- Diluir 1 vaso de agua hirviendo con 1 cdita de agar-agar y una cdita de aceite de coco

En panques, tartas crepas se puede sustituir por:
- Harina especial para cocinar sin huevo
- Un plátano maduro machacado
- Linaza molida diluida en agua

GRACIAS!

Espero hayas disfrutado este recetario, todas las recetas
fueron inspiradas por el arte comer en familia!

Para que podamos comer con gusto, sabiendo que la comida
es deliciosa y saludable.

Con amor,

LEINI MARTINEZ

Made in the USA
Columbia, SC
17 July 2024